Diez grandes verdades del evangelio que hacen único el mensaje de 1888

Compilación de Robert J. Wieland

Se presenta cada uno de los diez aspectos atendiendo a:

• Su base bíblica
• La contribución de Jones y Waggoner
• Los "Amén" de Ellen White

Traducción: http://www.libros1888.com

Published by CFI Book Division © 2023
Gordonsville, Tennessee USA

ISBN 979-8-9868765-2-8

Contenidos

Prefacio

"En su gran misericordia el Señor envió un preciosísimo mensaje a su pueblo por medio de los pastores Waggoner y Jones", dice Ellen White en una de sus muchas y entusiastas declaraciones (Testimonios para los ministros, 91). El mismo mensaje que tanto gozo y ánimo trajo a muchos hace un siglo, reaviva aún el espíritu allí donde se lo proclama. En este resumen esperamos dar respuesta a algunas cuestiones:

• ¿Cuál fue el mensaje que nos trajeron en la era de 1888?
• ¿Qué elementos despertaron en Ellen White tal gratitud?
• ¿Hemos perdido, como iglesia, algo especial y refrescante de lo que estamos necesitados?
• ¿Por qué apoyó Ellen White el mensaje por una década mediante declaraciones entusiastas, en no menos de 374 ocasiones?
• ¿Por qué manifestó que era la presentación más clara de la justificación por la fe que jamás oyera expresar públicamente?
• ¿Qué vio allí, que la llevó a calificarlo como "el comienzo" del fuerte pregón de Apocalipsis 18 y el principio de "los aguaceros celestiales de la lluvia tardía"?
• ¿Creyó verdaderamente que el mensaje prepararía a un pueblo para la traslación en sus días? Si es así, ¿por qué?

En las 1.821 páginas de The Ellen G. White 1888 Materials se encuentran respuestas a todas esas cuestiones. Pero la piedra de toque última para toda verdad es la propia Biblia. Esta compilación pretende ayudar a disponer de un resumen de fácil lectura, expresado en forma de diez aspectos esenciales del mensaje de 1888 que lo caracterizan y lo hacen singular, en las palabras de los propios mensajeros de 1888, junto a su apoyo bíblico y de Ellen White.

1

Cristo ha efectuado ya algo en favor de todo ser humano. Murió la segunda muerte "por todos", y eligió así a todo hombre para que fuese salvo. En ese sentido es cierto que "salvó el mundo". La apreciación de lo que realizó Cristo en su sacrificio permitirá que Laodicea asimile el significado de la verdadera fe y el sentido profundo de gloriarse en la cruz.

La enseñanza bíblica

(1) Cuando Cristo "murió por todos", cuando experimentó "la muerte en beneficio de todos", esa muerte tuvo que ser la segunda, puesto que aquello a lo que ordinariamente nos referimos como muerte (la primera muerte), la Biblia lo denomina "sueño", y es algo que todos experimentan, con la excepción de los que hayan de ser trasladados (Juan 1:11-13; 1 Tes 4:16-17). Por lo tanto, no hay razón por la que nadie haya de morir finalmente la segunda muerte, si no es porque resistió o rechazó la salvación que se le dio ya "en Cristo" (la palabra "descuidamos", de Hebreos 2:3, contiene la noción de desprecio. Ver su uso en Mateo 22:5).

(2) Cuando Cristo fue bautizado (Mat 3:17), el Padre aceptó en él a toda la raza humana. Así, Cristo es ya "el Salvador del mundo" (Juan 4:42; 1 Juan 4:14). Nadie necesita dudar que el Señor lo ha aceptado en él. Pero si bien Cristo es el "Salvador de todos los hombres", lo es "en especial de los que creen" (1 Tim 4:10. La voz griega del NT malista, significa "en especial", "especialmente", "con plena efectividad", etc. Ver Gál 6:10). Nuestra salvación no depende de que iniciemos una relación con él, sino que depende de nuestra respuesta a la relación que él inició ya con nosotros.

(3) Cristo "abolió la muerte" (la segunda, 2 Tim 1:10). Puesto que nadie tiene por qué perderse al fin a menos que escoja rechazar lo que Cristo efectuó ya por él, lo único que puede determinar su perdición es su incredulidad (Juan 3:16-19). Cristo "sacó a la luz la vida y la inmortalidad por medio del evangelio" (2 Tim 1:10). Para todos, creyentes e incrédulos, "sacó a la luz la vida"; y para aquellos que creen, además, "la inmortalidad".

(4) En Romanos 5:15-18, Pablo expone lo que Cristo efectuó en la cruz. La proclamación de la emancipación de los esclavos hecha en 1863 (por Abraham Lincoln), es una ilustración de ese "veredicto de absolución" o "justificación" por "todos los hombres". Lincoln aseguró a todo esclavo perteneciente a los territorios confederados la libertad desde el punto de vista legal; pero nadie pudo experimentarla, a menos que: (a) oyese las buenas nuevas, (b) las creyera, y (c) le motivaran a vivir en libertad.

Cómo lo comprendieron Jones y Waggoner

"Cristo ha hecho todo eso gratuitamente. ¿En favor de cuántos lo hizo? ¿En favor de toda alma? [Congregación: 'Sí']. Dio todas las bendiciones que posee a cada alma que puebla el mundo; escogió a cada una de ellas; la escogió en Cristo antes de la fundación del mundo, la predestinó a la adopción de hijo, y la hizo acepta en el Amado (Ellen White aplica esta expresión de Efesios 1:6 globalmente a la raza humana. El Deseado de todas las gentes, 87).

El que tú y yo se lo permitamos no es ahora la cuestión. Me compró desde antes de la fundación del mundo. Por lo tanto, ¿de quién somos? [Congregación: 'del Señor'].

¿Cómo puede ser que alguien dude acerca de si es o no del Señor? 'El que no cree a Dios, lo hace mentiroso'. Puede no hacerlo en muchos otros aspectos, pero en el momento en que admite la duda acerca de si es o no del Señor, permite que la incredulidad lo controle y da crédito a Satanás, echándolo todo a perder.

No obstante, el Señor no tomará sin nuestro permiso aquello que compró. Hay una línea que Dios mismo ha marcado como terreno de la soberanía de cada ser, y él se abstiene escrupulosamente de traspasarla sin nuestro consentimiento, seamos ángeles o seamos personas. Pero si le damos permiso, vendrá con todo lo que él significa".

El valor práctico de esa verdad

"Supón que te levantas por la mañana con dolor de cabeza, que has tenido una mala digestión y te encuentras enfermo. ¿Cómo sabes que eres del Señor? [Congregación: 'Porque así lo dice él']. Algunas veces hacemos preguntas a las personas, y obtenemos respuestas como las que siguen:

—¿Le han sido perdonados los pecados? 'Sí, me convencí de que se me habían perdonado, por un tiempo'.

¿Qué lo convenció de ello? 'Sentí que se me habían perdonado'.

Sintieron, pero no supieron nada de ello. No presentaron la más mínima evidencia de que sus pecados hubiesen sido perdonados. La única evidencia que podemos tener de que eso es así es que así lo dice Dios. Nunca os fieis de los sentimientos. Son tan variables como el viento. No necesitamos albergar dudas acerca de si somos del Señor. Pero muchos no se han sometido al Señor, y en la práctica no son de él. Él los ha hecho suyos por su compra. ¿Cómo pueden ahora saber que son de él? —Por su palabra".

Esas buenas nuevas, ¿significan licencia para pecar?

"Ocasionalmente oímos cómo algunos consideran que lo referido pudiese significar licencia para el pecado.—No; no significa eso. Os salvará de pecar. Cuando el hombre elige ser del Señor, entonces Dios obra en él tanto el querer como el hacer, por su buena voluntad. Allí está el poder divino; no hay ninguna licencia para el pecado. Al contrario: es la única forma de que no la haya.

¿Cuándo nos compró? [Congregación: 'Antes de la fundación del mundo']. ¿Qué clase de personas éramos antes de la fundación del mundo? ¿Pecadores, como lo somos ahora? ¿Seres reprobables, deseosos de transitar en caminos reprobables? ¿No haciendo profesión de religión y sin estar particularmente interesados en ello? ¿Es así como nos compró? [Congregación: 'Sí']. Y compró nuestros pecados. Isaías lo describe así: 'Herida, hinchazón y podrida llaga. No están curadas'.

Por lo tanto, a mí toca el decidir si prefiero tener mis pecados, o tenerlo a él. ¿Acaso no depende de mí? [Congregación: 'Sí']. Cuando se señala vuestro pecado, decid: 'Prefiero tener a Cristo, que a eso' " (Jones, *General Conference Bulletin 1893*, sermón nº 17, selección).

Lo que Cristo efectuó

"Dios ha traído la salvación a todos los hombres, y la ha dado a cada uno de ellos; pero desgraciadamente, la mayoría la desprecia y desecha. El juicio revelará el hecho de que a cada ser humano se le dio la plena salvación, y también que todo perdido lo fue por rechazar deliberadamente el derecho de primogenitura que se le dio como posesión" (Waggoner, *Las Buenas Nuevas*. Gálatas versículo a versículo, 15-16).

"Alguno dirá irreflexivamente: 'Eso me tranquiliza: por lo que respecta a la ley puedo hacer lo que quiera, puesto que todos fuimos redimidos'. Es cierto que todos fueron redimidos, pero no todos han aceptado la redención. Muchos dicen de Cristo: 'No queremos que este hombre reine sobre nosotros', y alejan de ellos la bendición de Dios. Pero la redención es para todos. Todos han sido comprados con la preciosa sangre—la vida—de Cristo, y todos pueden, si así lo quieren, ser librados del pecado y de la muerte" (Waggoner, *Las Buenas Nuevas*. Gálatas versículo a versículo, 74-75).

Ilustraciones de Ellen White

"Jesús conoce las circunstancias particulares de cada alma. Cuanto más grave es la culpa del pecador, tanto más necesita del Salvador. Su corazón rebosante de simpatía y amor divinos se siente atraído ante todo hacia el que está más desesperadamente enredado en los lazos del enemigo. Con su sangre firmó Cristo los documentos de emancipación de la humanidad" (*El ministerio de curación*, 59).

"[Cristo] se apoderó del mundo sobre el cual Satanás pretendía presidir como en su legítimo territorio. En la obra admirable de dar su vida, Cristo restauró a toda la raza humana al favor de Dios" (*Mensajes selectos* vol. 1, 402).

"Por medio de su obediencia a todos los mandamientos de Dios, Cristo efectuó la redención de los hombres. Esto no fue hecho convirtiéndose [Cristo] en otro, sino tomando él mismo la humanidad. Así, Cristo dio a la humanidad la posibilidad de existir gracias a lo que él hizo. La obra de la redención es poner a la humanidad en comunión con Cristo, efectuar la unión de la raza caída con la divinidad" (*Mensajes selectos* vol. 1, 294).

"Se ha pagado el precio de la redención para la raza humana" (*Review and Herald*, 3 junio 1890).

"Cristo hizo su sacrificio por el mundo" (*Palabras de vida del gran Maestro*, 243).

"Cristo … redimió la desgraciada caída de Adán, y salvó al mundo" (*My Life Today*, 323).

2

Gracias a su cruz y a su ministerio sacerdotal en curso, Cristo está atrayendo a "todos los hombres" al arrepentimiento. Su amor y gracia son tan poderosos e insistentes, que el pecador tiene que resistirlos a fin de perderse.

La enseñanza bíblica

(1) Toda la vida y felicidad de las que el mundo disfruta son la compra del sacrificio de Cristo (Juan 6:32-33, 35, 50-53; El Deseado de todas las gentes, 615). La cruz del Calvario está estampada en cada pan. La comprensión de la verdad de esa gran deuda que tenemos para con él, es la base de toda experiencia cristiana genuina.

(2) Si Cristo no hubiese muerto por el mundo, no existiría ninguno de nosotros. El Padre puso sobre él las transgresiones del mundo entero (2 Cor 5:19; Isa 53:5-6). Así, de una forma muy real, el sacrificio de Cristo ha justificado a "todos los hombres" al emitir en su favor un decreto de absolución, en lugar del "juicio" y "condenación" que les correspondía "en Adán" (Rom 3:23-24; 5:15-18). Cuando el pecador oye y cree la verdad, experimenta la justificación por la fe (Rom 4:25; Efe 2:8-10).

(3) Los perdidos niegan deliberadamente esa justificación que Cristo ha efectuado por ellos, tomando de nuevo sobre sí la "condenación" (Heb 10:29; 2 Cor 6:1; *El camino a Cristo*, 27).

(4) Los creyentes en Cristo pueden decir que "él es la propiciación por nuestros pecados". Pero "no solamente por los nuestros, sino también por los de todo el mundo" (1 Juan 2:2). "Porque tanto amó Dios al mundo, que dio a su Hijo único para que todo el que crea en él no perezca, sino tenga vida eterna" (Juan 3:16). Dado que pagó el precio de todos nuestros pecados, la única razón por la que alguien puede perderse es porque rehúse creer, apreciar el don que ya le fue dado "en él" (Juan 3:18). Dios no nos condena por doble partida, ya que "el Eterno cargó sobre él el pecado de todos nosotros" (Isa 53:6). ¿Cómo cargaría nuevamente el pecado sobre nosotros, se pregunta Pablo en Romanos 8:33 al 39? Son los perdidos quienes vuelven a cargarlos sobre sí.

(5) Todo ello se puede resumir en un veredicto judicial de absolución y vida para todos los hombres (como traduce Romanos 5: 16-18; NEB).

Quien cree estas buenas nuevas, resulta motivado a una total consagración a Cristo (2 Cor 5:14-15).

La comprensión de Waggoner

"'Por una justicia vino la gracia a todos los hombres para justificación de vida'. No hay aquí ninguna excepción. Así como la condenación vino a todos los hombres, también la justificación. Cristo gustó la muerte por todos. Se dio a sí mismo por todos; se dio a cada uno. El don gratuito vino a todos. El hecho de que sea un don gratuito es evidencia de que no hay excepción alguna. Si hubiese venido solamente sobre aquellos que hubiesen tenido alguna calificación especial, no habría sido un don gratuito.

Por lo tanto, es un hecho claramente establecido en la Biblia que el don de la justicia y de la vida en Cristo ha venido a todo hombre en el mundo. No hay la más mínima razón por la que todo hombre que jamás haya vivido tenga que dejar de ser salvo para vida eterna, excepto porque no lo reciba. ¡Cuántos desprecian el don que se ofrece tan generosamente! ...

Dice el texto que 'por la obediencia de Uno los muchos serán constituidos justos'. Alguien puede preguntarse: '¿Por qué no son todos constituidos justos por la obediencia de Uno?' La razón es que no todos lo desean así. ...

El don gratuito viene a todos, pero no todos lo aceptan; por consiguiente, no todos son hechos justos por él. ...

La muerte pasó a todos los hombres, puesto que todos han pecado, y el don de la justicia vino sobre todos los hombres en la vida de Cristo" (Waggoner, *Carta a los Romanos*, 120-122).

Jones, en perfecta armonía

"¿A quién justifica el Señor? [Congregación: 'Al impío']. Si fuese de otra manera, no habría para mí esperanza alguna. Si hubiese justificado solamente a personas que tuvieran algo de bueno en ellas mismas, yo quedaría excluido. Pero gracias sean dadas al Señor por su gran bondad. Dado que él justificó al impío (Rom 6:6, 8 y 10), tengo la perfecta seguridad de su salvación eterna. ¿Os parece que hay alguna cosa capaz de impedir mi felicidad? 'Al que no obra': si requiriese obras, nunca podría aportar las suficientes. Pero como leímos anoche: 'De balde fuisteis vendidos. Por tanto, sin dinero seréis rescatados' (Isa 52:3). Sin dinero; no sin precio. Pero él ha pagado ya ese precio. He oído decir a algunos hermanos: 'Doy gracias al Señor porque confío en él'. Sin embargo, yo le doy gracias porque él confía en mí. Es muy poca cosa el que el hombre confíe en el Señor; pero que el Señor confíe en mí, es algo que va más allá de mi comprensión. Y estoy agradecido porque el Señor haya tenido esa confianza al arriesgarse de esa forma por mí.

'David habla también de la dicha del hombre a quien Dios atribuye justicia aparte de las obras' (Rom 4:6). ¿Hay alguien aquí que conozca la miseria del que procura obtener la justicia por las obras? 'Para que la bendición de Abraham fuese sobre los Gentiles en Cristo Jesús' (Gál 3:14). Cuando nosotros como pueblo, como iglesia, hayamos recibido la bendición de Abraham, ¿qué vendrá entonces? [Congregación: 'La lluvia tardía']. ¿Qué podría, pues, impedir el derramamiento del Espíritu Santo? [Voz: 'La incredulidad']. Nuestra carencia de la justicia de Dios, que viene por la fe; eso es lo que lo retiene" (Jones, *General Conference Bulletin 1893*, sermon 16, selección).

Cristo obró desde el principio

"'Nos hizo aceptos en el Amado' (Efe 1:6). ¿Cuándo fue eso? [Congregación: 'Antes de la fundación del mundo']. Lo hizo todo antes de que tuviésemos la menor oportunidad de hacer nada—mucho antes de que naciéramos—, antes que el mundo fuese creado. ¿No veis como es el Señor quien obra, a fin de que podamos ser salvos y podamos tenerlo a él?

Por lo tanto, podemos estar seguros de que nos escogió. Él afirma que es así. Podemos estar seguros de que nos predestinó a la adopción de hijos. Podemos estar seguros de todas estas cosas, pues es Dios quien las declara, y así han de ser. ¿No se trata acaso de un inmenso festín?" (Jones, *General Conference Bulletin* 1893, nº 17, selección).

"Todos los que estaban en el mundo estaban incluidos en Adán; y todos los que están en el mundo están incluidos en Cristo. Dicho de otro modo: Adán, con su pecado, afectó a todo el mundo; Jesucristo, el segundo Adán, afecta en su justicia a toda la humanidad. …

Encontramos aquí a otro Adán. ¿Afecta a tantos como afectó el primer Adán? Esa es la cuestión. … Ciertamente lo que hizo el segundo Adán afecta a todos los que resultaron afectados por lo que hizo el primero. …

El asunto es: ¿Afecta la justicia del segundo Adán a tantos como afectó el pecado del primer Adán? Examinadlo detenidamente. Totalmente al margen de nuestro consentimiento, sin nada que ver con él, estuvimos incorporados al primer Adán; estábamos allí. …

Jesucristo, el segundo hombre, tomó nuestra naturaleza pecaminosa. Nos tocó 'en todo'. Se hizo *nosotros* y murió la muerte. Así, en él y en ello, todo hombre que haya poblado la tierra y que estuviera implicado en el primer Adán, está igualmente implicado en esto, y volverá a vivir. Habrá una resurrección de los muertos, tanto de justos como de injustos. Toda alma se levantará—por virtud del segundo Adán—de la muerte que el primero trajo. … (*N.T.* Ver 1 Cor 15:22; Hech 24:15; Juan 5:28-29; *El conflicto de los siglos*, 599).

Siendo Cristo quien nos ha liberado del pecado y la muerte que vinieron sobre nosotros por el primer Adán, esa liberación es para todo hombre, y cada uno puede poseerla si así lo elige. El Señor no obligará a nadie a aceptarla. ... Nadie sufrirá la segunda muerte sin haber escogido el pecado en lugar de la justicia, la muerte en lugar de la vida" (Jones, *General Conference Bulletin* 1895, n° 14).

Testimonio de Ellen White

"Todas nuestras bendiciones nos llegan por medio del don inestimable de Cristo. La vida, la salud, los amigos, la razón, la felicidad, son nuestros gracias a los méritos de Cristo. ¡Oh, que los jóvenes y los ancianos comprendan que todo nos viene por medio de la virtud de la vida y de la muerte de Cristo, y reconozcan la propiedad de Dios!" (*Hijos e hijas de Dios*, 240—N. T.).

"'De tal manera amó Dios al mundo, que ha dado a su Hijo unigénito'. Mediante este don único, todos los demás se imparten a los hombres. Diariamente todo el mundo recibe las bendiciones de Dios. Cada gota de lluvia, cada rayo de luz prodigados sobre la humanidad ingrata, cada hoja, flor y fruto, testifican de la tolerancia de Dios y de su gran amor". "Todas las bendiciones de esta vida y de la vida venidera nos son entregadas con el sello de la cruz del Calvario" (*Palabras de vida del gran Maestro* 243 y 296—N. T.).

"Si Jesús no hubiera muerto como nuestro sacrificio y no hubiera resucitado, nunca hubiéramos conocido la paz, nunca hubiéramos sentido gozo, sino tan sólo habríamos experimentado los horrores de la oscuridad y las aflicciones de la desesperación. Por lo tanto, sólo la alabanza y la gratitud sean el lenguaje de nuestro corazón. Toda nuestra vida hemos participado de sus beneficios celestiales y recibido las bendiciones de su expiación sin par. Por lo tanto, es imposible que concibamos la degradada condición. ... de la cual nos ha levantado Cristo" (*En los lugares celestiales*, 36 –N. T.).

"Todo miembro de la familia humana es puesto enteramente en las manos de Cristo. ... La cruz está grabada en todo don, y lleva la imagen y sobreescritura de Jesucristo" (*MS 36*, 1890).

"Jesús, el Redentor del mundo, se interpone entre Satanás y cada alma. ... Los pecados de cada uno que haya vivido sobre la tierra fueron puestos sobre Cristo, testificando del hecho de que nadie tiene que ser un perdedor en el conflicto con Satanás" (*Review and Herald*, 23 mayo 1899).

"Tan pronto como hubo pecado, hubo un Salvador. Cristo sabía que tendría que sufrir, sin embargo se hizo el sustituto del hombre. Tan pronto como Adán pecó, el Hijo de Dios se presentó a sí mismo como garantía para la raza humana, con tanto poder para desviar la condenación pronunciada sobre el culpable, como cuando murió sobre la cruz del Calvario" (*Id*, 12 marzo 1901).

"Puedes decir que crees en Jesús cuando tienes una apreciación del coste de la salvación. Puedes pretender tal cosa cuando sientes que Jesús murió por ti en la cruel cruz del Calvario; cuando tu fe comprende de una forma inteligente que su muerte hace posible para ti el que ceses de pecar, y perfecciones un carácter justo por la gracia de Dios, que se te otorga como la compra de la sangre de Cristo" (*Id*, 24 julio 1888).

3

La conclusión es que resulta fácil ser salvo, y difícil perderse, tras haber comprendido y creído lo buenas que son las buenas nuevas. Lo difícil es aprender a creer el evangelio. Jesús enseñó esa verdad.

La enseñanza bíblica

(1) La parte de Dios es amar, obrar y dar; nuestra parte es creer (Juan 3:16-17). "Si puedes creer, al que cree todo es posible" (Mar 9:23). Ahora bien, es fundamental comprender el significado bíblico de "creer" (Rom 10:10).

(2) "Mi yugo es fácil y ligera mi carga"; y resistirse es "dar coces contra el aguijón", es "dura cosa" (Mat 10:30; Hech 9:5; 26:14).

(3) Se debe a que "el amor de Cristo nos constriñe". El amor de Cristo es activo, no pasivo. Quien cree al evangelio, no puede continuar viviendo para sí (Rom 6:1, 2, 14-15; 2 Cor 5:14; *Palabras de vida del gran Maestro*, 274).

(4) El amor de Cristo por cada persona individual es infinitamente mayor que el de un padre por su hijo (Sal 27:10; 103:13).

(5) Dar "coces contra el aguijón" es resistir la convicción del Espíritu Santo a propósito de las buenas nuevas (Juan 16:7-11).

(6) La luz disipa las tinieblas, la gracia sobreabunda al pecado, y el Espíritu Santo es más poderoso que la carne (Juan 1:5,9; Rom 5:20; Gál 5:16-17).

(7) Dios guía a toda persona al arrepentimiento, a pesar de que muchos rehúsen su conducción (Rom 2:4).

Así lo comprendió Jones

"Cuando reina la gracia, es más fácil hacer el bien que hacer el mal. Tal es la comparación: De la misma forma en que reinaba el pecado, reina ahora la gracia. Cuando reinaba el pecado, lo hacía contra la gracia; es decir, repelía todo el poder de la gracia que Dios había proporcionado; pero cuando se rompe el poder del pecado y reina la gracia contra el pecado, repele todo el poder de este. Así, es literalmente cierto que bajo el reino de la gracia es más fácil hacer el bien que hacer el mal; tanto como cierto era que bajo el reino del pecado es más fácil obrar el mal que el bien" (Jones, *Review and Herald*, 25 julio 1899).

Recibiendo el poder de la gracia

"Es imposible insistir demasiado en el hecho de que bajo el reino de la gracia es tan fácil la práctica del bien, como lo es la del mal en el reino del pecado. Así tiene que ser, puesto que de no haber mayor poder en la gracia que en el pecado, no podría haber salvación del pecado. ...

La salvación del pecado depende ciertamente de que haya mayor poder en la gracia, del que hay en el pecado. ... La gran dificultad para el hombre ha consistido siempre en obrar el bien. Pero eso es así debido a que de forma natural el hombre está esclavizado a un poder—el poder del pecado—que es absoluto en su reino. Y por tanto tiempo como rige ese poder es, no ya difícil, sino imposible hacer el bien que uno debe y quiere hacer. Pero permítase que tome el control un poder superior: ¿no está claro que será tan fácil servir a la voluntad del poder superior -cuando reina- como lo fue servir a la del otro poder cuando reinó?

Pero la gracia no es sólo más poderosa que el pecado... Eso, con ser bueno, no lo es todo. ... La gracia es mucho más poderosa que el pecado. 'Donde se agrandó el pecado, tanto más sobreabundó la gracia' (Rom 5:20). Entonces el servicio a Dios será verdaderamente 'en novedad de vida'. Su yugo resultará entonces 'fácil', y 'ligera' su carga; su servicio está entonces caracterizado por el 'gozo inefable y glorificado' (1 Ped 1:8)" (*Id*, 1 septiembre 1896).

"Consideremos esta noche al hombre que no cree para nada en Jesús. ... Si decide tener a Cristo como a su Salvador, si quiere abundante provisión para todos sus pecados, y salvación de todos ellos, ¿tiene Cristo que hacer algo ahora, a fin de proveer para los pecados de tal hombre, o para salvarlo de ellos? No: ya lo hizo. Hizo abundante provisión a favor de todo hombre en los días de su carne, y todo aquel que cree en él, lo recibe sin necesidad alguna de que vuelva a repetirse ninguno de los hechos que tuvieron lugar. 'Habiendo ofrecido por los pecados un solo sacrificio para siempre' (Heb 10:12)" (Jones, *General Conference Bulletin* 1895, nº 14).

Waggoner coincidió

"El nuevo nacimiento trasciende totalmente al viejo. 'Si alguno está en Cristo, es una nueva creación. Las cosas viejas pasaron, todo es nuevo. Y todo esto proviene de Dios' (2 Cor 5:17-18). El que toma a Dios como la porción de su herencia (Sal 16:5), tiene en su interior un poder que obra para justicia, mucho más fuerte que el poder de sus tendencias heredadas al mal; tanto como más poderoso es nuestro Padre celestial que nuestros padres terrenales" (Waggoner, *The Everlasting Covenant*, 66).

"No debemos intentar corregir las Escrituras, y decir que la bondad de Dios *tiende a* llevar al hombre al arrepentimiento. La Biblia dice que *lo hace*, que guía al arrepentimiento, y podemos tener la seguridad de que así es. Todo hombre es llevado al arrepentimiento tan seguramente como que Dios es bueno. Pero no todos se arrepienten. ¿Por qué? Porque desprecian las riquezas de la benignidad, paciencia y benevolencia de Dios, y escapan de la misericordiosa conducción del Señor. Pero todo aquel que no resista al Señor será guiado con seguridad al arrepentimiento y la salvación" (Waggoner, *Carta a los Romanos*, 48).

"Permaneciendo en el Espíritu, andando en el Espíritu, la carne con sus concupiscencias no tiene más poder sobre nosotros del que tendría si estuviésemos realmente muertos y enterrados. … La carne sigue siendo corruptible, sigue estando llena de malos deseos, siempre dispuesta a rebelarse contra el Espíritu; pero por tanto tiempo como *sometamos la voluntad* a Dios, el Espíritu mantiene la carne a raya. … El Espíritu de vida en Cristo—la vida de Cristo—, se da gratuitamente a todos. 'El que tenga sed y quiera, venga y tome del agua de la vida de balde' (Apoc 22:17)" (Waggoner, *Las Buenas Nuevas. Gálatas, versículo a versículo*, 150).

"¡Gracias a Dios por la bendita esperanza! La bendición ha venido a todos los hombres. 'Así como por el delito de uno vino la condenación a todos los hombres, así también por la justicia de uno solo, vino a todos los hombres la justificación que da vida' (Rom 5:18). Dios, que no hace acepción de personas, nos bendijo en Cristo con toda bendición espiritual en los cielos (Efe 1:3). El don es nuestro, y se espera que lo guardemos. *Si alguien no tiene la bendición, es porque no ha reconocido el don, o bien porque lo ha rechazado deliberadamente*" (*Las Buenas Nuevas. Gálatas, versículo a versículo*, 81).

Ellen White respaldó las buenas nuevas

"No deduzcamos, sin embargo, que el sendero ascendente es difícil y la ruta que desciende es fácil. A todo lo largo del camino que conduce a la muerte hay penas y castigos, hay pesares y chascos, hay advertencias para que no se continúe. El amor de Dios es tal, que los desatentos y los obstinados no pueden destruirse fácilmente. … A lo largo del áspero camino que conduce a la vida eterna hay también manantiales de gozo para refrescar a los fatigados" (*El discurso maestro de Jesucristo*, 117-119).

"El amor infinito ha trazado un camino por el cual los rescatados del Señor pueden pasar de la tierra al cielo. Ese camino es el Hijo de Dios.

Ángeles guías son enviados para dirigir nuestros pies vacilantes. La gloriosa escalera del cielo desciende al camino de cada uno, impidiendo su tránsito hacia el vicio y la locura. El que quiere entregarse a una vida de pecado tiene que pisotear al Salvador crucificado. Nuestro Padre celestial nos está llamando: 'Venid más arriba'" (*Nuestra elevada vocación*, 13—N.T.).

NOTAS

4

Cristo es el buen Pastor que nos busca como a una oveja perdida, incluso aunque no lo hayamos buscado a él. Una comprensión errónea de su carácter nos hace suponer que intenta ocultarse de nosotros. No hay ninguna parábola de una oveja perdida que tenga que ir en busca de su pastor.

La enseñanza bíblica

(1) Esa verdad fluye de forma lógica y natural como buenas nuevas del evangelio (Luc 15:1-10). Es un error ver a Dios como alguien que nos considera con indiferencia hasta que tomamos la iniciativa y le obligamos a salir de su escondite. La verdad, por el contrario, es que él nos busca (Sal 119:176; Eze 34:16). (Hay dos verbos hebreos que encontramos traducidos como "buscar" en nuestras Biblias. Uno de ellos significa *hacer algo* para hallar alguna cosa o persona que está perdida. Ese verbo nunca lo encontramos en los pasajes en los que Dios nos amonesta a "buscarlo", como si fuese difícil encontrarlo por esconderse de nosotros. El otro verbo significa "estar atento a", "inquirir". En 1 Samuel 28:7 encontramos ambos verbos en una sola frase. El que se traduce en ese lugar como "pregunte" o "consulte", es el que se emplea en Isaías 55:6: "Buscad a Jehová mientras puede ser hallado". Lo que está diciendo realmente el Señor es: '*Preguntad, consultad, estad atentos* a Jehová, mientras puede ser hallado'.

(2) Si alguien es salvo al fin, será por la iniciativa de Dios; si se pierde, será por su propia iniciativa (Jer 31:3; Juan 3:16-19).

(3) Nuestra salvación no gravita sobre el hecho de que mantengamos una relación con Dios, sino de que creamos que él está a la puerta y llama, que lo está haciendo todo para mantener una relación con nosotros, a menos que la rechacemos (Apoc 3:20).

¿Cómo comprendió Waggoner ese concepto?

"No sólo nos llama, sino que nos atrae. Nadie podría acudir a él sin esa atracción. Cristo fue levantado de la tierra a fin de atraer a todos a Dios. Él gustó la muerte por todo hombre (Heb 2:9), y mediante él todo hombre tiene acceso a Dios. Deshizo en su propio cuerpo la enemistad—el muro que separa al hombre de Dios—, de manera que nada puede apartar de Dios al hombre, si es que éste no reedifica la barrera.

El Señor nos atrae a sí sin hacer uso de la fuerza. Llama, pero no conmina" (Waggoner, *Carta a los Romanos*, 171).

"Dios ha dispuesto la salvación para *toda alma que jamás habitara este mundo*" (Waggoner, *Carta a los Romanos*, 176).

"Cristo se da a todo hombre. Por lo tanto, cada uno recibe la totalidad de Cristo. El amor de Dios abarca al mundo entero, a la vez que llega individualmente a cada persona. El amor de una madre no disminuye al dividirse hacia cada uno de sus hijos, de forma que estos no reciban más que la tercera, cuarta o quinta parte de él. No: cada hijo es objeto de todo el amor de su madre. ¡Cuánto más será así con Dios, cuyo amor es más perfecto que el de la mejor madre imaginable! (Isa 49:15). Cristo es la luz del mundo, el Sol de justicia. Pero la luz que ilumina a un hombre en nada disminuye la que alumbra a los demás. Si una habitación está perfectamente iluminada, cada uno de sus ocupantes se beneficia de la totalidad de la luz existente, tanto como si fuese el único presente en aquel lugar. Así, la luz de Cristo alumbra a todo ser humano que viene a este mundo. ...

Cuán a menudo oímos a personas lamentarse en estos términos: 'Soy tan pecador que el Señor no me aceptará'. Incluso algunos que han profesado ser cristianos durante años, expresan el deseo tristemente incumplido de lograr seguridad de la aceptación por parte de Dios. Pero el Señor no ha provisto razón alguna para tales dudas. Nuestra aceptación queda asegurada por siempre. Cristo nos ha comprado y pagó ya el precio.

¿Cuál es la razón por la que alguien va a la tienda y compra un artículo? -Porque está interesado en él. Si tras haberlo examinado ha pagado su precio, de forma que es consciente de lo que compró, ¿temerá el vendedor que el comprador no acepte el artículo? Al contrario, si le retiene el producto, el comprador protestará así: '¿Por qué no me entrega aquello que me pertenece?' A Jesús no le resulta indiferente si nos entregamos o no a él. Se interesa con un ansia infinita por cada alma que compró con su propia sangre. 'El Hijo del hombre vino a buscar y a salvar lo que se había perdido' (Luc 19:10)" (Waggoner, *Las Buenas Nuevas. Gálatas, versículo a versículo*, 12-13).

Jones sostuvo la misma posición

"Siempre ha sido un engaño de Satanás hacer pensar a la gente que Cristo está tan alejado de ellos como sea posible. Cuanto más alejado está Cristo, incluso para aquellos que profesan creer en él, tanto más satisfecho resulta el diablo; entonces excita la enemistad que alberga el corazón natural y pone a la obra el ceremonialismo, colocándolo en el lugar de Cristo" (Jones, *General Conference Bulletin* 1895, n° 25).

"La mente de Dios concerniente a la naturaleza humana no está satisfecha hasta no vernos a su mano derecha, glorificados. Hay poder vivificador en esa bendita verdad. Nos hemos contentado con mantener nuestras mentes demasiado lejos de lo que Dios tiene para nosotros. Pero ahora, cuando viene y nos llama al respecto, vayamos allá donde nos guíe. Es la fe la que lo hace; no la presunción; es la única respuesta apropiada. El Pastor celestial nos lleva; nos conduce a verdes pastos y a aguas tranquilas que fluyen desde el trono de Dios. Bebamos abundantemente y vivamos. …

'A los que predestinó, a éstos también llamó; y a los que llamó, a éstos también justificó, y a los que justificó a éstos también glorificó' (Rom 8:30). No los puede glorificar hasta no haberlos justificado. ¿Qué significa, pues este mensaje especial de justificación que Dios ha estado enviando estos [siete] años a la iglesia y al mundo? Significa que Dios está disponiéndose a glorificar a su pueblo. Pero sólo resultamos glorificados en la segunda venida del Señor; por lo tanto, este mensaje especial [de 1888] de justificación que Dios ha estado enviándonos tiene por fin el prepararnos para la glorificación en la venida del Señor. En esto, Dios nos está dando la señal más poderosa que cabe tener de que lo siguiente ha de ser la venida del Señor" (Jones, *General Conference Bulletin* 1895, n° 19, selección).

El Buen Pastor toma la iniciativa

"Él nos preparará; no podemos prepararnos a nosotros mismos. Por largo tiempo intentamos justificarnos, hacernos rectos y prepararnos así para la venida del Señor. Pero nunca quedamos satisfechos, pues no se lo alcanza de ese modo. Ningún maestro o artista se detiene a contemplar el fruto de su trabajo a medio terminar, para comenzar a rechazarlo por incompleto. ¡No está aún terminado! Es inconcebible que el Supremo Artista nos haya de mirar a medio camino, tal como estamos, para concluir que en nuestro estado no servimos para nada. Él va adelante con su maravillosa obra. Vosotros y yo podemos decir: 'No sé cómo va a lograr el Señor hacer de mí un cristiano, y prepararme para el cielo'. Aunque podamos parecer rudos, marchitos y afeados por cicatrices ahora, él nos ve ya de la forma en que estamos en Cristo.

Confiando en él, le permitiremos que lleve a cabo la obra. Ahora nos dice: 'Permíteme que obre, y verás lo que voy a hacer'. No es de ninguna forma tarea nuestra. Podéis salir de este templo y mirar aquella ventana desde afuera. Tendréis la impresión de contemplar un oscuro y confuso amasijo de cristales sin orden. Pero contempladla desde el interior— uminada del exterior—, y os deleitaréis en la obra de arte que encierra. De igual forma, vosotros y yo podemos mirarnos, y todo parece torcido, oscuro e inservible, una masa amorfa. Pero Dios lo mira tal como es en Jesús.

Cuando miramos desde el interior tal como estamos en Jesús, veremos también en claros caracteres escritos por el Espíritu de Dios: 'Justificados por la fe; estamos en paz para con Dios mediante nuestro Señor Jesucristo'. Veremos toda la ley de Dios escrita en el corazón y brillando en la vida. Ese brillo se refleja procedente de Jesucristo. En él Dios ha perfeccionado su plan en lo concerniente a nosotros. Aceptémoslo, hermanos. Recibámoslo en la plenitud de esa fe abnegada que Jesús nos ha traído. Permitamos que el poder de ella opere en nosotros, nos resucite, y nos siente en los lugares celestiales en Jesucristo, en el lugar de su morada (Efe 2:5-6)" (Jones, *General Conference Bulletin* 1895, nº 19).

El concepto, visto por Ellen White

"Cuando Cristo los induce a mirar su cruz y a contemplar a Aquel que fue traspasado por sus pecados. ... Comienzan a entender algo de la justicia de Cristo... El pecador puede resistir a este amor, puede rehusar ser atraído a Cristo; pero si no se resiste, será atraído a Jesús; el conocimiento del plan de la salvación le guiará al pie de la cruz, arrepentido de sus pecados, los cuales causaron los sufrimientos del amado Hijo de Dios" (*El camino a Cristo*, 27).

5

Al venir en nuestra búsqueda, Cristo recorrió todo el camino hasta donde estamos, tomando sobre sí mismo la "semejanza de carne de pecado, y a causa del pecado, condenó al pecado en la carne". Es así el Salvador que está "cercano, al alcance de la mano, no alejado". Es "el Salvador de todos los hombres", incluso hasta del "primero" de los pecadores. Ahora bien, el pecador tiene libertad para rechazarlo.

La enseñanza bíblica

(1) Su nombre es "Emmanuel. ... Dios con nosotros" (Mat 1:23).

(2) "Aunque era de condición divina", fue hecho "un poco menor que los ángeles", "nacido de mujer, nacido bajo la ley", "en todo semejante a sus hermanos", "al que no tenía pecado, Dios lo hizo pecado por nosotros" (Fil 2:6; Heb 2:9 y 17; Gál 4:4; 2 Cor 5:21).

(3) "Por cuanto los hijos participan de carne [*sarx*] y sangre, él también participa de lo mismo" (Heb 2:14).

(4) "Fue tentado en todo según nuestra semejanza, pero sin pecado" (Heb 4:15).

(5) Quien no reconoce esta realidad de que "Jesucristo ha venido en carne [*sarx*]", "este es del anticristo", la esencia de la falsificación católica romana del evangelio (1 Juan 4:1-3).

Waggoner vio a Cristo como estando "cercano, al alcance de la mano"

"Cristo tomó sobre sí mismo la naturaleza del hombre, y como consecuencia estuvo sujeto a la muerte. Vino al mundo a fin de morir; y así, desde el principio de su vida en esta tierra estuvo en la misma condición en la que están los hombres a quienes vino a salvar.

No retroceda horrorizado; no estoy implicando que Cristo fuera un pecador. Una de las cosas que más ánimo proporcionan en la Biblia, es la constatación de que Cristo tomó sobre sí la naturaleza del hombre, y que sus antecesores según la carne fueron pecadores. Tuvieron todas nuestras pasiones y debilidades. Ningún hombre tiene el menor derecho a excusar sus actos pecaminosos en razón de la herencia. Si Cristo no hubiese sido hecho en todas las cosas como sus hermanos, entonces su vida impecable no habría significado aliento alguno para nosotros. La podríamos mirar con admiración, pero sería la admiración que lleva a la desesperación. "Desde su más temprana infancia la cruz estuvo siempre ante él" (Waggoner, *The Gospel in Galatians*, 60-62, selección).

"Su humanidad solamente veló su naturaleza divina, por la cual estaba conectado inseparablemente con el Dios invisible, y que fue más que capaz de resistir exitosamente la debilidad de la carne. Hubo en toda su vida una lucha. La carne, afectada por el enemigo de toda justicia, tendía a pecar, sin embargo su naturaleza divina nunca albergó, ni por un momento, un mal deseo, ni vaciló jamás su poder divino" (Waggoner, *Cristo y su justicia*, 28).

Jones vio en el amor de Dios manifestado en la encarnación una poderosa motivación

"La elección de glorificar a Dios es la elección de que el yo se vacíe y se pierda, y que sólo Dios aparezca por medio de Jesucristo. Es que todo el universo y cada parte de él reflejen a Dios. Tal es el privilegio que Dios ha puesto ante todo ser humano. ¿Cuál fue el costo de traernos a ti y a mí ese privilegio? El precio infinito del Hijo de Dios.

¿Vino Cristo a este mundo para regresar tal como era antes, de modo que hiciera un sacrificio por 33 años? La respuesta es que lo hizo por la eternidad. El Padre nos otorgó su Hijo, y Cristo se dio a sí mismo por toda la eternidad. Nunca jamás volverá a ser en todos los respectos como fue antes.

'El que era uno con Dios se ha vinculado con los hijos de los hombres mediante ligaduras que no han de romperse nunca'. ¿En qué se vinculó con nosotros?—En nuestra carne, en nuestra naturaleza. Ese es el sacrificio que gana el corazón de los hombres. Muchos consideran que el sacrificio de Cristo lo fue sólo por 33 años, para morir entonces la muerte de cruz y regresar tal como había venido. A la vista de la eternidad anterior y posterior a esos 33 años, no se trataría ciertamente de un sacrificio infinito. Pero cuando consideramos que sorbió su naturaleza en nuestra naturaleza humana por toda la eternidad, eso es un sacrificio. Ese es el amor de Dios. Ningún corazón puede argumentar en contra. Sea que el hombre lo crea o no, hay en él poder subyugador, y el corazón no puede sino inclinarse en silencio ante esa sublime verdad. Lo diré una vez más: desde que comprendí el bendito hecho de que el sacrificio del Hijo de Dios es un sacrificio eterno, y de que todo *fue por mí*, he vivido continuamente meditando en las palabras: 'Andaré humildemente todos mis años'" (Jones, *General Conference Bulletin* 1895, nº 20, selección).

Waggoner vio piedad práctica en esa verdad

"Se me han hecho dos preguntas, que podemos ahora considerar: 'El santo ser que nació de la virgen María, ¿nació en carne de pecado? Y ¿tenía esa carne que luchar con las mismas tendencias al mal que la nuestra?' Nada sé sobre el particular, salvo lo que leo en la Biblia. He pasado por el desánimo y abatimiento. Lo que durante años me desanimó fue en parte el conocimiento de la debilidad de mi propio yo, y el pensamiento de que aquellos que según mi estimación estaban procediendo rectamente, así como los santos hombres de antaño en el relato sagrado, poseían una constitución diferente a la mía. Encontraba que el mal era lo único que podía hacer. …

Si Jesús, que vino aquí a mostrarme el camino de la salvación, el único en quien hay esperanza, si su vida en esta tierra fue un fraude, ¿dónde queda la esperanza? 'Pero dirás que la pregunta presupone lo contrario: que él era perfectamente santo, tan santo que jamás tuvo mal alguno contra el que contender'.

A eso es precisamente a lo que me refiero. Leo que 'fue tentado en todo según nuestra semejanza, pero sin pecado'. Leo cómo pasó toda la noche en oración, en una agonía tal que de su frente caían gotas como de sangre. Si todo eso fuese ficticio, si no fue realmente tentado, ¿qué provecho tiene para mí? Quedo peor que estaba.

Pero si hay Uno—y ciertamente lo hay. Mejor diré: puesto que hay Uno que pasó por todo aquello a lo que yo puedo ser llamado a pasar, que resistió más de lo que jamás se me pueda pedir que yo resista, que fue constituido como yo en todo respecto, sólo que en circunstancias aún peores que las mías, Uno que enfrentó todo el poder que el diablo pudo ejercer mediante la carne humana, y sin embargo no conoció pecado, entonces puedo alegrarme. Lo que hizo hace mil novecientos años es igualmente capaz de hacerlo por todos los que creen en él" (Waggoner, *General Conference Bulletin* 1901, 403-405, selección).

La inmaculada concepción niega la verdad bíblica sobre la naturaleza de Cristo

"Es imprescindible que cada uno de nosotros decida si está fuera de la iglesia de Roma o no. Muchos llevan aún las marcas de ella. ¿No veis que el concepto que pretende que la carne de Jesús no fue como la nuestra (pues sabemos que la nuestra es pecaminosa) implica necesariamente la idea de la inmaculada concepción de la virgen María?

Suponed que aceptamos la idea de que Jesús estaba tan separado de nosotros, que era tan diferente, que no tenía en su carne nada contra lo que contender: que tenía carne impecable. Podéis ver que el dogma católico romano de la inmaculada concepción se convierte entonces en una consecuencia necesaria. Pero ¿por qué detenerse ahí? Podemos ir hasta la madre de la virgen María, y así hasta Adán. ¿Resultado?—Nunca se produjo la caída (el pecado). En ello podéis ver cómo la esencia del catolicismo romano es el espiritismo.

Cristo fue tentado en la carne, sufrió en la carne, pero tenía una mente que no consintió jamás en pecar. Estableció la voluntad de Dios en la carne, y estableció que la voluntad de Dios pudiera realizarse en toda carne humana y pecaminosa" (*Id.*).

Jones, en perfecto acuerdo

"En estos días de aceptación general del catolicismo por parte de los 'protestantes', deberíamos conocer por nosotros mismos la doctrina de Cristo y las consecuencias en aquellos que aceptan el dogma [de la inmaculada concepción de María].

Estas son algunas declaraciones de padres y santos católicos:

'[María era] muy diferente del resto del género humano: le fue comunicada la naturaleza humana, pero no el pecado'. 'Fue creada en una condición más sublime y gloriosa que toda otra naturaleza'.

Lo anterior sitúa la naturaleza de María infinitamente más allá de toda semejanza real, o relación con la raza humana. En palabras del cardenal Gibbons:

'Afirmamos que la segunda persona de la bendita Trinidad, el Verbo de Dios, quien es en su naturaleza divina, desde la eternidad, engendrado del Padre, consubstancial con él, venido el cumplimiento del tiempo, fue nuevamente engendrado al nacer de la virgen, tomando así para sí mismo, de la matriz materna, una naturaleza humana de la misma sustancia que la de ella'.

Inevitablemente, en su naturaleza humana, el Señor Jesús resulta ser 'muy diferente' de la raza humana, infinitamente más allá de toda semejanza real o relación con nosotros en este mundo. Pero la verdad es que el Señor Jesús, en su naturaleza humana, tomó nuestra carne y sangre tal cual las conocemos, con todas sus debilidades. Será bueno conocer verdaderamente cuán cercano está.

Jesús, a fin de poder devolver al hombre a la gloria de Dios, en su amor, se rebajó hasta ahí mismo, compartió su naturaleza tal como esta es, sufrió con él y hasta incluso murió *con* él, tanto como *por* él, en la naturaleza humana pecaminosa que es común a los hombres. 'Fue contado con los perversos'. Eso es amor. Viene a nosotros allí donde nos encontramos, a fin de poder elevarnos desde nosotros mismos hasta Dios. 'Por cuanto los hijos participaron de carne y sangre, él también participó de lo mismo' (Heb 2:14).

Encontramos en esta sola frase todas las palabras que cabe emplear, a fin de hacerlo claro y positivo. Lejos de ser cierto que Jesús, en su naturaleza humana, esté tan alejado que no tenga semejanza alguna ni relación con nosotros, es cierto lo contrario: es nuestro pariente más cercano en la carne y sangre. Esta gran verdad de la relación de sangre entre nuestro Redentor y nosotros está claramente presentada en el evangelio, en Levítico. Cuando alguien había perdido su herencia, el derecho de rescate recaía sobre su pariente de sangre más próximo. No simplemente sobre uno que estuviera próximo, sino sobre *el más* próximo (Lev 25:24-28; Rut 2:20; 3:12-13; 4:1-12). Por consiguiente, Cristo tomó nuestra misma carne y sangre y se hizo así nuestro pariente más próximo. Es el más próximo a nosotros de entre todas las personas del universo.

Eso es cristianismo

Negar que Jesucristo vino, no simplemente en carne, sino *en la carne*, la única carne que en el mundo existe, carne *pecaminosa*; negar eso es negar a Cristo. 'Porque muchos engañadores son entrados en el mundo, los cuales no confiesan que Jesucristo ha venido en carne'. Confiésale a él tus pecados: nunca abusará de tu confianza. Dile tus pesares. Llevó 'nuestras enfermedades y sufrió nuestros dolores', es 'varón de dolores, experimentado en quebranto'. Te consolará con el consuelo de Dios" (Jones, *The Immaculate Conception of the Virgin Mary*, 1894, selección).

"Si no hubiese sido hecho de la misma carne que aquellos a quienes vino a redimir, entonces no sirve absolutamente de nada el que se hiciese carne. Más aún: puesto que la única carne que hay en este vasto mundo que vino a redimir, es esta pobre, pecaminosa y perdida carne humana que posee todo hombre, si esa no es la carne de la que él fue hecho, entonces él no vino realmente jamás al mundo que necesita ser redimido. Si vino en una naturaleza humana diferente a la que existe realmente en este mundo, entonces, a pesar de haber venido, para todo fin práctico de alcanzar y auxiliar al hombre, estuvo tan lejos de él como si nunca hubiera venido. De haber sido así, hubiera estado tan lejos en su naturaleza humana, y habría sido tan de otro mundo como si nunca hubiera venido al nuestro. ...

La fe de Roma en relación con la naturaleza de Cristo y de María, y también de nuestra naturaleza, parte de esa noción de la mente natural según la cual Dios es demasiado puro y santo como para morar con nosotros y en nosotros, en nuestra naturaleza humana pecaminosa. Tan pecaminosos como somos, estamos demasiado distantes de él en su pureza y santidad, demasiado distantes como para que él pueda venir a nosotros tal como somos.

La verdadera fe, la fe de Jesús, consiste en que, alejados de Dios como estamos en nuestra pecaminosidad, en nuestra naturaleza humana que él tomó, vino a nosotros justamente allí donde estamos; que infinitamente puro y santo como es él, y pecaminosos, degradados y perdidos como estamos nosotros, Dios, en Cristo, a través de su Espíritu Santo, quiere voluntariamente morar con nosotros y en nosotros para salvarnos, para purificarnos y para hacernos santos.

La fe de Roma es que debemos necesariamente ser puros y santos a fin de que Dios pueda morar con nosotros.

La fe de Jesús es que Dios debe necesariamente morar con nosotros y en nosotros a fin de que podamos ser puros y santos" (Jones, *El Camino consagrado a la perfección cristiana*, 35 y 38-39).

Ellen White no sólo fue favorable, sino entusiasta

"El sábado de tarde [en South Lancaster] fueron tocados muchos corazones, y muchas almas se alimentaron del pan que descendió del cielo... Sentimos [Jones, Waggoner y Ellen White] la necesidad de presentar a Cristo como a un Salvador que no está alejado, sino cercano, al alcance de la mano... Hubo muchos, incluso entre los pastores, que vieron la verdad tal como es en Jesús, en una luz en la nunca antes la habían visto" (*Review and Herald*, 5 marzo 1889).

"Pero muchos dicen que Jesús no era como nosotros, que no era como nosotros en el mundo, que él era divino y que nosotros no podemos vencer como él venció. Pero eso no es cierto; 'Porque de cierto, no vino para ayudar a los ángeles, sino a los descendientes de Abrahán. ... Y como él mismo padeció al ser tentado, es poderoso para socorrer a los que son tentados'. Cristo conoce las pruebas de los pecadores; conoce sus tentaciones. Tomó sobre sí mismo nuestra naturaleza. ... las tentaciones más fuertes [del cristiano] vendrán del interior, dado que tiene que batallar contra las inclinaciones del corazón natural. El Señor conoce nuestras debilidades. ... Cada lucha contra el pecado, cada esfuerzo por conformarse a la ley de Dios, es Cristo obrando en el corazón humano mediante sus agentes señalados. ¡Ojalá pudiéramos comprender lo que Cristo es para nosotros!" (*Christ Tempted As We Are*, 3-4 y 11; 1894).

"Habría sido una humillación casi infinita para el Hijo de Dios revestirse de la naturaleza humana, aun cuando Adán poseía la inocencia del Edén. Pero Jesús aceptó la humanidad cuando la especie se hallaba debilitada por cuatro mil años de pecado. Como cualquier hijo de Adán aceptó los efectos de la gran ley de la herencia. Y la historia de sus antepasados terrenales demuestra cuáles eran aquellos efectos. Mas él vino con una herencia tal para compartir nuestras penas y tentaciones, y darnos un ejemplo de una vida sin pecado" (*El Deseado de todas las gentes*, 32).

"[Cristo] tomó sobre su naturaleza sin pecado nuestra naturaleza pecaminosa, para saber cómo socorrer a los que son tentados" (*El ministerio médico*, 238).

NOTAS

6

El nuevo pacto es la promesa unidireccional que Dios nos hace, de escribir su ley en nuestros corazones y de darnos salvación eterna como un don gratuito "en Cristo". El pacto antiguo es la promesa vana de obedecer, hecha por parte del pueblo, "el cual engendró para servidumbre" (Gál 4:24). Los fracasos espirituales de muchas personas sinceras son el resultado de haber sido educados en los conceptos del pacto antiguo, sobre todo en la niñez y juventud. La verdad del nuevo pacto fue un elemento esencial del mensaje de 1888, y hoy libera aún de la carga opresiva de duda y desesperación que abruma a muchos corazones.

La enseñanza bíblica

(1) El viejo pacto "engendró para servidumbre" (Gál 4:24).

(2) Consiste en la experiencia espiritual de estar "bajo la ley", bajo la motivación impuesta por el temor (4:21).

(3) Fue establecido en Sinaí, cuando Israel prometió en vano: "Haremos todo lo que el Eterno ha dicho" (Éxodo 19:8). Dios no les pidió que hiciesen esa promesa. Muy pronto la quebrantaron.

(4) La promesa de Pedro de que no negaría jamás al Señor, fue una manifestación del espíritu del viejo pacto (Mar 14:29-31).

(5) Dios hizo siete grandes promesas a Abraham, pero no le pidió a él que le prometiera nada a cambio (Gén 12:1-3). Posteriormente, Dios repitió y amplió esas promesas, pero tampoco entonces le pidió a Abraham que hiciese promesa alguna (13:14-17; 15:4-5). Génesis 15:9-17 muestra que el pacto es una promesa de Dios al hombre.

(6) Dios no nos pide nunca que le hagamos promesas. Pide que creamos en las promesas que él nos hace a nosotros (Gén 15:6).

(7) Abraham es "padre de todos los que creen". Por lo tanto, es ejemplo de genuina justicia por la fe (Rom 4:1, 11-13, 16-18). La ley, dada 430 años más tarde, fue nuestro "tutor" ("ayo"), para llevarnos a través de un gran rodeo, de vuelta a la experiencia de Abraham, a ser "justificados por la fe" (Gál 3:23-26).

Waggoner expuso el concepto bíblico

"El pacto y la promesa de Dios son una y la misma cosa... Los pactos de Dios con el hombre no pueden ser otra cosa que promesas hechas al hombre. ... Después del diluvio, Dios hizo un pacto con todo ser viviente de la tierra: aves, animales, y toda bestia. Ninguno de ellos prometió nada a cambio (Gén 9:9-16). Simplemente recibieron el favor de manos de Dios. Eso es todo cuanto podemos hacer: recibir. Dios nos promete todo aquello que necesitamos, y más de lo que podemos pedir o imaginar, como un don. Nosotros nos damos a él; es decir, no le damos nada. Y él se nos da a nosotros; es decir, nos lo da todo. Lo que complica el asunto es que, incluso aunque el hombre esté dispuesto a reconocer al Señor en todo, se empeña en negociar con él. Quiere elevarse hasta un plano de semejanza con Dios, y efectuar una transacción de igual a igual con él" (Waggoner, *Las Buenas Nuevas. Gálatas, versículo a versículo*, 86-87).

"El evangelio fue tan pleno y completo en los días de Abrahán, como siempre lo haya sido o pueda llegar a serlo. Tras el juramento de Dios a Abrahán, no es posible hacer adición o cambio alguno a sus provisiones o condiciones. No es posible restarle nada a la forma en la que entonces existía, y nada puede ser requerido de hombre alguno, que no lo fuese igualmente de Abrahán" (Waggoner, *Las Buenas Nuevas. Gálatas, versículo a versículo*, 88-89).

"Hoy existen esos dos pactos. No son cuestión de tiempo, sino de condición. Que nadie se jacte de su imposibilidad de estar bajo el antiguo pacto, confiando en que se pasó el tiempo de éste. Efectivamente, el tiempo pasó, pero sólo en el sentido de que 'bastante tiempo habéis vivido según la voluntad de los gentiles, andando en desenfrenos, liviandades, embriagueces, glotonerías, disipaciones y abominables idolatrías' (1 Ped 4:3)" (Waggoner, *Las Buenas Nuevas. Gálatas, versículo a versículo*, 122-123).

"Los preceptos de Dios son promesas. No puede ser de otra manera, pues él sabe que no tenemos poder alguno. ¡El Señor da todo aquello que requiere! Cuando dice 'no harás...' podemos tomarlo como la seguridad que él nos da, de que si creemos nos guardará del pecado contra el que advierte en ese precepto" (Waggoner, *Las Buenas Nuevas. Gálatas, versículo a versículo*, 93-94).

Jones, en perfecta armonía

"No sois vosotros los que habéis de efectuar aquello que [el Señor] quiere; sino: '[mi palabra] hará que yo quiero' (Isa 55:11). No se espera que leáis u oigáis la palabra de Dios y os digáis: 'Tengo que cumplirla; lo haré'. Abrid vuestro corazón a la palabra, a fin de que pueda cumplir la voluntad de Dios en vosotros. ... La palabra misma de Dios lo hará, y debéis permitírselo. 'La Palabra de Cristo habite en abundancia en vosotros' (Col 3:16)" (Jones, *Review and Herald*, 20 octubre 1896).

Ellen White proclamó esas mismas buenas nuevas

"Sois moralmente débiles, esclavos de la duda y dominados por los hábitos de vuestra vida de pecado. Vuestras promesas y resoluciones son tan frágiles como telarañas. No podéis gobernar vuestros pensamientos, impulsos y afectos. El conocimiento de vuestras promesas no cumplidas y de vuestros votos quebrantados debilita la confianza que tuvisteis en vuestra propia sinceridad, y os induce a sentir que Dios no puede aceptaros [eso es lo que significan las palabras de Pablo acerca de que el viejo pacto 'engendró para servidumbre']. ... Lo que debéis entender es el verdadero poder de la elección. ... Este es el poder gobernante en la naturaleza del hombre: la facultad de decidir o escoger. Todo depende de la elección correcta. Dios dio a los hombres el poder de elegir; a ellos les toca ejercerlo. No podéis cambiar vuestro corazón, ni dar por vosotros mismos sus afectos a Dios; pero podéis escoger servirle. Podéis darle vuestra voluntad, para que él obre en vosotros tanto el querer como el hacer según su voluntad. De ese modo vuestra naturaleza entera estará bajo el dominio del Espíritu de Cristo, vuestros afectos se concentrarán en él y vuestros pensamientos se pondrán en armonía con él" (*El camino a Cristo*, 47-48; traducción revisada).

"Los Diez Mandamientos, con sus órdenes y prohibiciones, son diez promesas que se nos aseguran si prestamos obediencia a la ley que gobierna el universo. ... No hay nada negativo en aquella ley aunque parezca así. Es HAZ, y vivirás" (*Comentario bíblico adventista* vol. 1, 1119).

"Los términos del pacto antiguo eran: 'Obedece y vivirás' El nuevo pacto se estableció sobre 'mejores promesas', la promesa del perdón de los pecados y de la gracia de Dios para renovar el corazón y ponerlo en armonía con los principios de la ley de Dios" (*Patriarcas y profetas*, 389).

7

Nuestro Salvador "condenó el pecado en la carne", asegurando la resolución del conflicto en favor de la raza humana. Proscribió el pecado para siempre, venciéndolo en su último reducto en el vasto universo de Dios: nuestra carne humana caída y pecaminosa. Así, ningún ser humano tiene ahora excusa para continuar viviendo bajo el espantoso dominio del pecado. Las adicciones pecaminosas pierden su poder cuando uno tiene "la fe de Jesús".

La enseñanza bíblica

(1) Cristo vino para "deshacer las obras del diablo" (1 Juan 3:8).

(2) ¡Lo consiguió! (Heb 2:14-15).

(3) Se logró la victoria haciendo frente a toda tentación que Satanás pueda presentar a la naturaleza o "carne" pecaminosa, y triunfando sobre el pecado en ese terreno (Rom 8:3).

(4) El resultado: los que tienen fe en él demuestran "la justicia de la ley" en sus vidas (vers. 4).

(5) El pueblo de Dios vencerá como Cristo venció (Apoc 3:21).

(6) Al tener una fe como esa, uno no puede seguir bajo el dominio del pecado (Rom 6:14).

(7) El resultado de la purificación del santuario celestial será la preparación de un pueblo para la traslación. Ese pueblo, por la fe en Cristo, desarrollará un carácter maduro o perfecto (Heb 6:1; 7:25; 10:1; 11:39, 40; 13:20-21).

(8) Esa demostración honrará a Cristo, el Esposo (Apoc 14:1-5; 19:7-8).

El mensaje de Jones y Waggoner

"'Por lo tanto, hermanos santos, participantes del llamado celestial, considerad al Apóstol y Sumo Sacerdote de la fe que profesamos, a Jesús'. Hacer esto como la Biblia lo indica, considerar a Cristo continua e inteligentemente tal como él es, lo transformará a uno en un Cristiano perfecto" (Waggoner, *Cristo y su justicia*, 5).

"[Cristo] constituyó y consagró un camino por el cual, en él, todo creyente puede, en este mundo y durante toda la vida, vivir una vida santa, inocente, limpia, apartada de los pecadores, y como consecuencia ser hecho con él más sublime que los cielos. La perfección, la perfección del carácter, es la meta cristiana. Perfección lograda en carne humana en este mundo. Cristo la logró en carne humana en este mundo, constituyendo y consagrando así un camino por el cual, en él, pueda lograrla todo creyente. Habiéndola obtenido, se hizo nuestro Sumo Sacerdote según el sacerdocio del verdadero santuario, para que nosotros la podamos obtener" (Jones, *El Camino consagrado a la perfección cristiana*, 76-77).

Ellen White, en armonía

"Dios fue manifestado en carne para condenar el pecado en la carne, manifestando una perfecta obediencia a toda la ley de Dios. Cristo no pecó, ni fue hallado engaño en su boca. No corrompió la naturaleza humana, y aunque en la carne, no transgredió la ley de Dios en ningún particular. Más aún, eliminó toda posible excusa que el hombre caído pudiera evocar, a modo de razón para no obedecer la ley de Dios. ... Este testimonio concerniente a Cristo muestra llanamente que condenó el pecado en la carne. Nadie puede decir que está inevitablemente sujeto a la esclavitud del pecado y de Satanás. Cristo asumió las responsabilidades de la raza humana... Testifica que el alma creyente obedecerá los mandamientos de Dios mediante su justicia imputada" (*Signs of the Times*, 16 enero 1896).

"[Cristo] hizo una ofrenda tan completa, que mediante su gracia todos pueden alcanzar la norma de la perfección. De todos aquellos que reciben su gracia y siguen su ejemplo, se escribirá en el libro de la vida: 'Completos en él—in mancha ni arruga— ... él nos puede llevar a la restauración completa" (*Review and Herald*, 30 mayo 1907).

"Los que vivan en la tierra cuando cese la intercesión de Cristo en el santuario celestial deberán estar en pie en la presencia del Dios santo sin mediador. Sus vestiduras deberán estar sin mácula; sus caracteres, purificados de todo pecado por la sangre de la aspersión. Por la gracia de Dios y su propio y diligente esfuerzo deberán ser vencedores en la lucha con el mal" (*Conflicto de los siglos*, 478).

8

Finalmente, la iglesia conocerá una motivación superior a la que ha sido prevalente en el pasado: la preocupación porque Cristo reciba su recompensa y entre en su "reposo", en la erradicación final del pecado. Toda motivación egocéntrica basada meramente en el temor al castigo o la esperanza de recompensa es de naturaleza inferior. La motivación de orden superior se encuentra reflejada en el clímax de la Escritura: la Esposa de Cristo, por fin preparada.

La enseñanza bíblica

(1) El aprecio hacia el singular amor de Cristo (agape) libera de la motivación egocéntrica (2 Cor 5:14-15).

(2) Dios desea que su pueblo vaya más allá de una motivación inmadura y pueril (Efe 4:13-15).

(3) "El que sólo se alimenta de leche es inexperto en el mensaje de justicia; es como un niño de pecho" (Heb 5:12-6:3, NIV).

(4) El clímax del plan de la salvación es "la boda del Cordero" (Apoc 19:7).

(5) La causa de la demora es que "su novia [aún no] se ha preparado" (vers. 7).

(6) La preparación consiste en la experiencia de la justicia por la fe (dikaiosune) que culmina en "las justificaciones de los santos" (dikaiomata). La justicia imputada se traduce por fin en una experiencia vital, en justicia impartida (Apoc 19:8; Rom 8:4). En ambos casos se trata de justicia por la fe.

(7) Ese triunfo glorioso va paralelo a la obra de sellamiento, como culminación de la purificación del santuario (Dan 8:14; Apoc 7:1-4; 14:1-5, 12).

(8) Satanás sostiene que al hombre caído le es imposible obedecer la ley de Dios. Un pueblo guardador de la ley de Dios demuestra la falsedad de su aserto (Rom 13:10; Apoc 15:1-4).

La comprensión de Jones y Waggoner

"Cuando venga Jesús será para tomar a su pueblo consigo, para presentarse a sí mismo una iglesia gloriosa 'que no tuviese mancha ni arruga, ni cosa semejante; sino que fuese santa y sin mancha' [citando Efe 5:25-27 y 32]. Es para verse a sí mismo perfectamente reflejado en todos sus santos. Y antes de que venga, su pueblo debe estar en esa condición. Antes de que venga debemos haber sido llevados a ese estado de perfección, a la plena imagen de Jesús. Efe 4:7-8 y 11-13. Y ese estado de perfección, ese desarrollo de la completa imagen de Jesús en todo creyente, eso es la consumación del misterio de Dios, que es Cristo en vosotros, la esperanza de gloria. Esa consumación encuentra su cumplimiento en la purificación del santuario. ...

La purificación del santuario consiste precisamente en el borramiento de los pecados: en acabar la transgresión en nuestras vidas, en poner fin a todo pecado en nuestro carácter, en la venida de la justicia misma de Dios que es por la fe en Jesucristo. ... Por lo tanto, ahora, como nunca antes, debemos arrepentirnos y convertirnos para que nuestros pecados sean borrados, para que se les pueda poner fin por completo en nuestras vidas" (Jones, *El Camino consagrado a la perfección cristiana*, 106).

"Cuando [el Testigo fiel y verdadero] viene y os habla a vosotros y a mí, es porque quiere trasladarnos; pero no puede trasladar el pecado ¿comprendéis? Por lo tanto, su único propósito al mostrarnos las dimensiones del pecado, es el poder salvarnos de él y trasladarnos" (Jones, *General Conference Bulletin* 1893, n° 10).

"Satanás acusa ahora a Dios de injusticia e indiferencia, incluso de crueldad. Miles de personas han dado eco a esa acusación. Pero el juicio declarará la justicia de Dios. Su carácter, tanto como el del hombre, está en tela de juicio. En el juicio, todo acto—de Dios y de los hombres—realizado desde la creación, será visto de todos en su auténtico significado. Y cuando todo se vea en esa perfecta luz, Dios será absuelto de toda acusación, incluso por sus enemigos" (Waggoner, *Signs of the Times*, 9 enero 1896).

Así lo presentó Ellen White

"'Cuando el fruto fuere producido, luego se mete la hoz, porque la siega es llegada' (Mar 4:29). Cristo espera con un deseo anhelante la manifestación de sí mismo en su iglesia. Cuando el carácter de Cristo sea perfectamente reproducido en su pueblo, entonces vendrá él para reclamarlos como suyos. Todo cristiano tiene la oportunidad no sólo de esperar, sino de apresurar la venida de nuestro Señor Jesucristo" (*Palabras de vida del gran Maestro*, 47).

"[Jesús] alzó entonces su brazo derecho, y oímos su hermosa voz decir: 'Aguardad aquí; voy a mi Padre para recibir el reino; mantened vuestras vestiduras inmaculadas, y dentro de poco volveré de las bodas y os recibiré a mí mismo'" (*Primeros escritos*, 55).

"Vi que mientras Jesús estuviera en el santuario se desposaría con la nueva Jerusalén, y una vez cumplida su obra en el lugar santísimo descendería a la tierra con regio poder para llevarse consigo las preciosas almas que hubiesen aguardado pacientemente su regreso" (Id, 250).

"Mientras Cristo oficiaba en el santuario [en el lugar santísimo], había proseguido el juicio de los justos muertos y luego el de los justos vivientes. Cristo, habiendo hecho expiación por su pueblo y habiendo borrado sus pecados, había recibido su reino. Estaba completo el número de los súbditos del reino, y consumado el matrimonio del Cordero. El reino y el poderío fueron dados a Jesús y a los herederos de la salvación, y Jesús iba a reinar como Rey de reyes y Señor de señores" (Id, 280).

9

La Biblia enseña claramente que la justicia viene por la fe. Por lo tanto, el elemento que el pueblo de Dios necesita para estar preparado para la segunda venida de Cristo es la fe genuina. El mensaje que el mundo necesita escuchar es la verdad de la justicia por la fe a la luz de la purificación del santuario: "el mensaje del tercer ángel en verdad". Es necesario comprender la fe en su verdadero significado bíblico: la sincera y profunda apreciación del amor (*agape*) de Cristo.

La enseñanza bíblica

(1) "Nosotros por el Espíritu aguardamos la esperanza de la justicia que viene por la fe" (Gál 5:5).

(2) "Por gracia habéis sido salvados por la fe". Es "con el corazón" como creemos (Efe 2:8; Rom 10:10).

(3) El pueblo de Dios del tiempo del fin se distinguirá por poseer una fe tal (Apoc 14:12).

(4) Esa fe es una experiencia en constante crecimiento y desarrollo (Rom 1:16-17).

(5) La plegaria constante de los que tienen fe es: "¡Ayuda mi poca fe!" (Mar 9:23-24).

(6) La fe salvífica está íntimamente relacionada con el amor (agape); de hecho, es una respuesta al mismo (Juan 3:16; Efe 6:23; 1 Tes 1:3; 5:8; 2 Tes 1:3; Fil 5).

(7) El amor de Dios (agape) "está vertido en nuestro corazón por medio del Espíritu Santo" venido verticalmente desde el cielo y fluyendo inmediatamente en sentido horizontal hacia nuestros semejantes. La respuesta hacia Dios es la fe (Rom 5:5; Col 1:4).

(8) La traslación, en la segunda venida de Cristo, será la experiencia final de la fe madura (Heb 11:5; 1 Tes 4:14-17).

(9) ¿Cómo podemos comprender la "justificación por la fe" a menos que comprendamos en qué consiste la fe?

La comprensión de Jones y Waggoner

"Resumimos así el argumento: (1) La fe en Dios viene por el conocimiento de su poder; desconfiar de él implica ignorancia acerca de su poder para cumplir sus promesas; nuestra fe en él será proporcional al conocimiento que tengamos de su poder. (2) La contemplación inteligente de la creación de Dios nos proporciona el verdadero concepto de su poder, porque su poder eterno y su divinidad se entienden mediante las cosas que creó. Rom. 1:20. (3) Es la fe la que da la victoria (1 Juan 5:4); por lo tanto, como la fe viene por conocer el poder de Dios a partir de su palabra y de las cosas que él creó, viene a resultar que ganamos la victoria por la obra de sus manos. El sábado, entonces, que es el memorial de la creación, observado apropiadamente, es una gran fuente de fortaleza en la lucha del cristiano" (Waggoner, *Cristo y su justicia*, 34-35).

"Debiera ciertamente desecharse toda duda con respecto a si Dios nos acepta, pero no sucede así. El impío corazón incrédulo alberga todavía dudas. 'Creo todo esto, pero. ...' Detengámonos aquí. Si realmente creyeras, no habría ningún 'pero'. Cuando se añade el 'pero' a la declaración de creer, realmente se está diciendo: 'Creo, pero no creo'. Continúas así: 'Tal vez estés en lo cierto, pero ... si bien creo las declaraciones bíblicas que has citado, la Biblia, no obstante, dice que si somos hijos de Dios tendremos el testimonio del Espíritu, y tendremos ese testimonio en nosotros. Yo no siento tal testimonio, por lo tanto no puedo creer que yo sea de Cristo. Creo su palabra, pero no tengo el testimonio' ... En cuanto a que crees sus palabras, aun dudando de si te acepta o no —porque no sientes el testimonio del Espíritu en tu corazón—permíteme que insista en que no crees. Si creyeras, tendrías el testimonio. Escucha su palabra: 'El que cree en el Hijo de Dios, tiene el testimonio en sí mismo. El que no cree a Dios lo hace mentiroso, porque no ha creído en el testimonio que Dios ha dado acerca de su Hijo' (1 Juan 5:10)" (Waggoner, *Cristo y su justicia*, 64).

"La fe 'es don de Dios' (Efe 2:8). En las Escrituras está claro que se da a todos 'la medida de fe que Dios repartió a cada uno' (Rom 12:3). Esa 'medida de fe que Dios repartió a cada uno' es el capital con el que dota, de principio, 'a todo hombre que viene a este mundo'; y se espera que todos negocien con ese capital, que lo cultiven para salvación de su alma. No hay el más mínimo riesgo de que el capital se reduzca al utilizarlo; tan pronto se lo use, se incrementará: 'Va creciendo mucho vuestra fe'. Y tan ciertamente como crece, se conceden justicia, paz y gozo en el Señor para salvación plena del alma" (Jones, *Lecciones sobre la fe*, 22).

"Hay muchos que aman sinceramente al Señor, que lo aceptan humildemente, y que no obstante observan otro día diferente al que Dios ha dado como el sello del reposo en él. Es porque, sencillamente, todavía no han aprendido la expresión plena y cabal de la fe. ... Cuando oigan la advertencia misericordiosa de Dios, abandonarán el símbolo de la apostasía como lo harían con un pozo de agua al saberlo contaminado" (Waggoner, *Lecciones sobre la fe*, 85).

"¿Está al alcance de todo creyente la gracia suficiente para guardarlo del pecado? Sí, ciertamente. Todos pueden tener la gracia suficiente para ser guardados de pecar. Se ha dado gracia abundante, y precisamente con ese propósito. Si alguien no la posee, no es porque no se haya dado suficiente medida de ella. ...

Es también dada 'para perfección de los santos'. Su objetivo es llevar a cada uno a la perfección en Cristo Jesús—a esa perfección que es la medida plena de Dios, ya que se da para la edificación del cuerpo de Cristo 'hasta que todos lleguemos a la unidad de la fe y del conocimiento del Hijo de Dios, a un varón perfecto, a la medida de la edad de la plenitud de Cristo'. ...

Si el pecado tiene todavía el dominio en alguno, ¿dónde radicará el problema? Sólo puede radicar en esto: en que no permita que la gracia obre por él y en él, aquello para lo que fue dada. Frustra la gracia de Dios por su incredulidad. ...

Pero el poder de Dios lo es 'para salvación a todo aquel que cree'. La incredulidad frustra la gracia de Dios. Muchos creen y reciben la gracia de Dios para los pecados pasados, pero se contentan con eso, y no permiten que el reinado de la gracia contra el poder del pecado ocupe en su alma el mismo lugar que tuvo para salvarle de los pecados pasados. Esa no es sino otra fase de la incredulidad. Así, en lo que respecta al gran objetivo final de la gracia—la perfección de la vida a la semejanza de Cristo—, en la práctica reciben la gracia de Dios en vano" (Waggoner, *Lecciones sobre la fe*, 95-97).

"Agradezcamos al Señor por su trato hacia nosotros, aún hoy, a fin de salvarnos de nuestros errores, de nuestros peligros, de incurrir en cursos de acción incorrectos, y por derramar sobre nosotros la lluvia tardía a fin de que podamos ser trasladados. Eso es lo que el mensaje [de 1888] significa para mí y para vosotros: traslación. Hermanos, recibámoslo de todo corazón y agradezcamos por ello a Dios" (Jones, *General Conference Bulletin* 1893, nº 9).

"El señor no puede guardarnos sin pecado cuando no lo creemos" (Jones, *General Conference Bulletin* 1893, nº 10).

"Recibimos la promesa del Espíritu mediante la fe. ... Es por la mente de Cristo como podemos comprender, investigar y revelar las cosas profundas de Dios que él trajo a nuestra comprensión, desplegándolas llanamente ante nosotros. Eso es lo que hemos de tener a fin de gozar de la presencia de Cristo, a fin de tener la justicia de Cristo, a fin de que podamos recibir la lluvia tardía y dar el fuerte pregón" (Jones, *General Conference Bulletin* 1893, nº 11).

"El corazón que mora plenamente en Cristo manifestará el mayor fervor y actividad en servicio a él. En eso consiste la fe real. Es la fe que os traerá el derramamiento de la lluvia tardía ... para prepararnos para el fuerte pregón y llevar adelante el mensaje del tercer ángel de la única manera en la que es posible hacerlo a partir de esta Asamblea" (Jones, *General Conference Bulletin* 1893, nº 13).

Posición de Ellen White

"Hay verdades antiguas que, no obstante, son nuevas y están aún en espera de ser añadidas al tesoro de nuestro conocimiento. No comprendemos o ejercemos la fe como debiéramos. ... No se nos llama a adorar y servir a Dios mediante el uso de los medios empleados en los años pasados. Dios requiere hoy un servicio más elevado que nunca antes. Requiere el mejoramiento de los dones celestiales. Nos ha llevado a una posición en la que necesitamos cosas superiores y mejores que las que nunca antes hayamos necesitado" (*Review and Herald*, 25 febrero 1890).

"A partir de la palabra de Dios han de brillar grandes verdades que han pasado desapercibidas y sin ser vistas desde el día de Pentecostés" (*Fundamentals of Christian Education*, 473).

"Hemos estando oyendo su voz más definidamente en el mensaje que ha estado avanzando en los dos últimos años [1888-1890], declarándonos el nombre del Padre. ... ¡Ojalá pudiéramos reunir nuestras fuerzas de fe, y afirmar nuestros pies en la sólida Roca que es Jesucristo! Debéis creer que él os guardará sin caída. La razón por la cual no tenéis mayor fe en las promesas de Dios es porque vuestras mentes están separadas de Dios, y es así como lo desea el enemigo. Él ha arrojado su sombra entre nosotros y nuestro Salvador a fin de que no podamos discernir lo que Cristo es para nosotros, o lo que puede ser. El enemigo no desea que comprendamos el consuelo que encontraremos en Cristo. No hemos hecho más que comenzar a captar un leve destello de lo que es la fe. ... Durante unos dos años hemos estado urgiendo al pueblo a venir y aceptar la luz concerniente a la justicia de Cristo [el mensaje de 1888], y no saben si venir y aferrarse a esa preciosa verdad o no ... ¿no nos pondremos en pie y nos desharemos de esa postura de incredulidad?" (*Review and Herald*, 11 marzo 1890).

"Nadie ha dicho que vayamos a encontrar perfección en las investigaciones de ningún hombre, pero una cosa sé: nuestras iglesias están muriendo por falta de la enseñanza sobre el tema de la justicia por la fe en Cristo, y sobre verdades relacionadas" (Id, 25 marzo 1890).

10

El mensaje de 1888 es especialmente "precioso" por armonizar la genuina noción bíblica sobre la justificación por la fe con el concepto singular de la purificación del santuario celestial. Esa es una verdad bíblica que el mundo está en espera de descubrir. Constituye el elemento esencial de la verdad que tiene aún que alumbrar la tierra con la gloria de la presentación final y plena del "evangelio eterno" de Apocalipsis 14 y 18.

La enseñanza bíblica

(1) El antiguo santuario hebreo y sus servicios eran un tipo o modelo del ministerio del plan de la salvación en el santuario celestial (Lev 25:8-9).

(2) El sacerdote servía "en un Santuario que es copia y sombra de lo que hay en el cielo" (Heb 8:5).

(3) Cristo es el verdadero Sumo Sacerdote del plan de la salvación (Heb 3:1; 4:14-16; 5:5-10; 7:24-28; 8:1-2, etc).

(4) El día final del juicio de Dios estaba tipificado por el día anual hebreo de la expiación (Lev 16:26-32).

(5) Para el pueblo de Dios arrepentido, ese día significaba una preparación especial, un juicio de absolución, vindicación, y una limpieza del corazón (Lev 16:29-31).

(6) La profecía de Daniel señalaba el comienzo del día real (antitípico) cósmico de la expiación, al final de los dos mil trescientos años, en 1844 (Dan 8:14).

(7) Estamos hoy viviendo en la era más importante de la historia del mundo, cuando el plan de la salvación tiene que ser llevado a su conclusión con la victoria de Cristo (Heb 9:11-15 y 23-28).

(8) La preparación o purificación del corazón para la segunda venida de Cristo será un ministerio especial de justificación por la fe, apropiado al día de la expiación (Heb 10:36-38 y 11:22-28; Apoc 14:6-7 y 12).

Así lo expresó Jones

"Si el Señor ha traído a nuestro conocimiento pecados en los que nunca antes habíamos pensado, eso muestra simplemente que está avanzando en profundidad y que alcanzará el fondo al fin, y cuando encuentre lo último impuro o sucio, que está en desarmonía con su voluntad, y al revelárnoslo digamos: 'Prefiero al Señor que a eso', la obra entonces será completa y sobre ese carácter se puede poner el sello del Dios viviente [Congregación: 'Amén']. ¿Qué vais a preferir, un carácter? ...

¿Qué preferiréis, la plenitud, la perfecta plenitud de Jesucristo, o bien tendréis menos que eso, con algunos de vuestros pecados encubiertos sin que jamás sepáis de ellos? Si hay allí manchas de pecado, no podemos tener el sello de Dios. Él no puede poner el sello, la marca de su carácter perfecto sobre nosotros, hasta no verlo allí. Así, ha de profundizar en lo hondo hasta lugares en los que nunca antes soñamos, puesto que no podemos comprender nuestros corazones. Pero el Señor conoce el corazón. Pone a prueba la conciencia. Limpiará el corazón, y mostrará hasta el último vestigio de maldad. Permitámosle llevar adelante su obra investigadora" (Jones, *General Conference Bulletin* 1893, nº 17, selección).

Lo que facilita nuestra elección

"No hay [dificultad] en elegir, una vez que conocemos lo que ha hecho el Señor, y lo que él es para nosotros. La elección es entonces fácil. Sea la entrega completa. ¿Por qué hacer aflorar esos pecados? Los abandonamos hace tiempo. Para eso es para lo que son traídos, para que podamos hacer la elección. Tal es la bendita obra de la santificación. ... Si el Señor quitase nuestros pecados sin nuestro conocimiento, ¿qué bien nos haría eso? Significaría sencillamente convertirnos en máquinas.

Somos en todo caso instrumentos inteligentes; no somos como un pico o una pala. El Señor nos empleará de acuerdo a cuál sea nuestra elección" (Id).

Justificación por la fe y día de la expiación

"Esa purificación del santuario [en el servicio típico terrenal] consistía en la limpieza y eliminación del santuario 'de las inmundicias de los hijos de Israel, y de sus rebeliones, y de todos sus pecados' que, mediante el ministerio sacerdotal habían sido llevados al santuario durante el año.

La consumación de esta obra, de y para el santuario, era también la consumación de la obra para el pueblo ... la purificación del santuario afectaba al pueblo y lo incluía tan ciertamente como al santuario mismo.

Esa purificación del santuario era una figura del verdadero, que es la purificación del santuario—y verdadero tabernáculo que el Señor asentó, y no hombre—, de toda impureza de los creyentes en Jesús, a causa de sus transgresiones en todos sus pecados. Y el momento de esa purificación del verdadero santuario, en palabras de Aquel que no puede equivocarse, es: 'Hasta dos mil y trescientos días, y el santuario será purificado' (el santuario de Cristo), en el año 1844 de nuestra era. ...

Esa obra consiste en 'acabar la prevaricación, poner fin al pecado, expiar la iniquidad, traer la justicia de los siglos, sellar la visión y la profecía, y ungir al Santo de los santos'. Eso puede solamente realizarse en la consumación del misterio de Dios, en la purificación del verdadero santuario cristiano. Y eso se efectúa en el verdadero santuario, precisamente acabando la prevaricación (o transgresión) y poniendo fin a los pecados en el perfeccionamiento de los creyentes en Jesús, de una parte; y de la otra parte, acabando la prevaricación y poniendo fin a los pecados en la destrucción de los malvados y la purificación del universo de toda mancha de pecado que jamás haya existido.

La consumación del misterio de Dios es el cumplimiento final de la obra del evangelio. Y la consumación de la obra del evangelio es, primeramente, la erradicación de todo vestigio de pecado y el traer la justicia de los siglos. Es decir, Cristo plenamente formado en todo creyente, sólo Dios manifestado en la carne de cada creyente en Jesús; y en segundo lugar, y por otra parte, la consumación de la obra del evangelio significa precisamente la destrucción de todos quienes hayan dejado de recibir el evangelio (2 Tes 1:7-10), ya que no es la voluntad del Señor preservar la vida a hombres cuyo único fin sería acumular miseria sobre sí mismos ...

En el servicio del santuario terrenal vemos también que para producirse la purificación, completándose así el ciclo de la obra del evangelio, debía primero alcanzar su cumplimiento en las personas que participaban en el servicio. En otras palabras: en el santuario mismo no se podía acabar la prevaricación, poner fin al pecado, expiar la iniquidad ni traer la justicia de los siglos hasta que todo ello se hubiese cumplido en cada persona que participaba del servicio del santuario. El santuario mismo no podía ser purificado antes que lo fuera cada uno de los adoradores. El santuario no podía ser purificado mientras se continuase introduciendo en él un torrente de iniquidades, transgresiones y pecados mediante la confesión del pueblo y la intercesión de los sacerdotes. La purificación del santuario como tal, consistía en la erradicación y expulsión de todas las transgresiones del pueblo, que por el servicio de los sacerdotes se había ido introduciendo en el santuario durante todo el año. Ese torrente debe detenerse en su origen, en los corazones y vidas de los adoradores, antes de que el santuario mismo pueda ser purificado.

De acuerdo con lo anterior, lo primero que se efectuaba en la purificación del santuario era la purificación del pueblo. ...

Tal es precisamente el objetivo del verdadero sacerdocio en el verdadero santuario. Los sacrificios, el sacerdocio y el ministerio en el santuario que no era más que una mera figura para aquel tiempo presente, no podían realmente quitar el pecado, no podían hacer perfectos a los que se allegaban a él. Pero el sacrificio, el sacerdocio y el ministerio de Cristo en el verdadero santuario, quita los pecados para siempre, hace perfectos a cuantos se allegan a él, hace 'perfectos para siempre a los santificados'" (Jones, *El Camino consagrado a la perfección cristiana*, 97-101).

Coincidencia de Waggoner

"Cuando Cristo nos cubre con el manto de su propia justicia, no provee una cubierta para el pecado, sino que quita el pecado. Eso muestra que el perdón de los pecados es más que una simple forma, más que una simple consigna en los libros de registro del cielo, al efecto de que el pecado sea cancelado. El perdón de los pecados es una realidad; es algo tangible, algo que afecta vitalmente al individuo. Realmente lo absuelve de culpabilidad; y si es absuelto de culpa, es justificado, es hecho justo: ciertamente ha experimentado un cambio radical. Es en verdad otra persona" (Waggoner, *Cristo y su justicia*, 57).

"Aunque todo el registro de nuestro pecado—bien que escrito con el dedo de Dios—fuera borrado, el pecado permanecería puesto que está en nosotros. Aunque estuviese grabado en la roca, y esta fuese molida hasta el polvo, ni siquiera eso borraría nuestro pecado.

El borramiento del pecado es su borramiento de la naturaleza, del ser humano [otras declaraciones hechas en 1901 demuestran que no se trataba de la erradicación de la naturaleza pecaminosa].

El borramiento de los pecados es su extirpación de nuestras naturalezas, de tal forma que no sepamos más de ellos. 'Purificados de una vez' por la sangre de Jesús, 'no tendrían más conciencia de pecado' (Heb 10:2-3), puesto que han sido librados del camino de pecado. Se buscará su iniquidad, y no aparecerá. Les habrá sido quitada para siempre, será extraña a sus nuevas naturalezas, e incluso aunque puedan ser capaces de recordar el hecho de que hayan cometido ciertos pecados, habrán olvidado el pecado mismo. Nunca más pensarán en volverlos a cometer. Tal es la obra de Cristo en el verdadero santuario" (Waggoner, *Review and Herald*, 30 setiembre 1902).

"Que Dios tiene un santuario en los cielos, y que Cristo es allí sacerdote, no puede dudarlo nadie que lea las Escrituras. ... Por lo tanto, se deduce que la purificación del santuario—una obra que las Escrituras exponen como precediendo inmediatamente a la venida del Señor—es coincidente con la total purificación del pueblo de Dios en esta tierra, y su preparación para la traslación cuando venga el Señor. …

La vida [carácter] de Jesús ha de ser reproducida perfectamente en sus seguidores, no sólo por un día, sino por todo el tiempo y la eternidad" (Waggoner, *The Everlasting Covenant*, 365-367).

"No tenemos aquí el espacio ni el tiempo para entrar en los detalles, pero baste decir que relacionando Daniel 9:24-26 con Esdras 7 se concluye que los días mencionados en la profecía comenzaron en el año 457 antes de Cristo, de forma que llevan hasta el año 1844 de nuestra era. … Pero alguien preguntará: '¿Qué relación guarda 1844 con la sangre de Cristo?' Y puesto que su sangre no es más eficaz en un tiempo que en otro, ¿cómo podemos decir que en cierto momento el santuario será purificado? ¿Acaso no ha estado purificando la sangre de Cristo continuamente el santuario viviente, la iglesia? La respuesta es que hay una cosa tal como 'el tiempo del fin'. El pecado ha de tener un final, y la obra de purificación estará un día completa. … Es un hecho que desde la mitad del último siglo ha estado brillando nueva luz, y se ha revelado como nunca antes la verdad sobre los mandamientos de Dios y la fe de Jesús, y se está proclamando el fuerte pregón del mensaje: ¡Veis aquí el Dios vuestro!'" (Waggoner, *British Present Truth*, 23 mayo 1901).

Ellen White apoyó ese mensaje

"El perdón tiene un significado mucho más abarcante del que muchos suponen. … El perdón de Dios no es solamente un acto judicial por el cual libra de la condenación. No es sólo el perdón por el pecado. Es también una redención del pecado. Es la efusión del amor redentor que transforma el corazón" (*El discurso maestro de Jesucristo*, 97).

"El pueblo de Dios debería comprender claramente el asunto del santuario y del juicio investigador. Todos necesitan conocer por sí mismos el ministerio y la obra de su gran Sumo Sacerdote. De otro modo, les será imposible ejercitar la fe tan esencial en nuestros tiempos, o desempeñar el puesto al que Dios lo llama. …

El santuario en el cielo es el centro mismo de la obra de Cristo a favor de los hombres [la justificación por la fe]. Concierne a toda alma que vive en la tierra. Nos revela el plan de la redención, nos conduce hasta el fin mismo del tiempo y anuncia el triunfo final de la lucha entre la justicia y el pecado. …

La correcta comprensión del ministerio del santuario celestial es el fundamento de nuestra fe" (*El evangelismo*, 165).

"Estamos en el día de la expiación y debemos actuar en armonía con la obra de Cristo en la purificación del santuario de los pecados del pueblo. Que nadie que desee ser hallado vestido con el traje de boda resista al Señor en su obra especial. Como es él, así deben ser sus seguidores en este mundo. Hemos de presentar ahora ante la gente la obra que por la fe vemos cumplir a nuestro Sumo Sacerdote en el santuario celestial" (*Review and Herald*, 21 enero 1890).

"Cristo está en el santuario celestial, y está allí para hacer expiación por el pueblo. ... Está limpiando el santuario de los pecados del pueblo. ¿Cuál es nuestra obra? Nuestra obra consiste en estar en armonía con la obra de Cristo. Debemos obrar con él por la fe, estar unidos a él. ... Debe prepararse un pueblo para el gran día de Dios" (Id, 28 enero 1890).

"La obra intercesora de Cristo, los grandes y santos misterios de la redención, no son comprendidos ni estudiados por el pueblo que pretende tener más luz que cualquier otro pueblo sobre la faz de la tierra" (Id, 4 febrero 1890).

"Cristo está purificando el templo en el cielo de los pecados del pueblo, y debemos obrar en armonía con él en la tierra, purificando el templo del alma de su contaminación moral" (Id, 11 febrero 1890).

"El pueblo no ha entrado en el lugar santo [santísimo], donde Jesús ha entrado para hacer expiación por sus hijos. A fin de comprender las verdades para este tiempo, necesitamos el Espíritu Santo. Pero hay sequía espiritual en las iglesias" (Id, 25 febrero 1890).

"Está irradiando luz desde el trono de Dios. ¿Para qué?—Para que haya un pueblo preparado para permanecer en pie en el día de Dios" (Id, 4 marzo 1890).

"Habéis estado recibiendo luz del cielo en el último año y medio, a fin de que el Señor pueda conduciros a su carácter y entretejerlo en vuestra experiencia. ...

Si nuestros hermanos fuesen todos obreros juntamente con Dios, no dudarían de que el mensaje que nos ha enviado en los últimos dos años es del cielo. ...

Supongamos que borraseis el testimonio que se ha dado en estos dos últimos años proclamando la justicia de Cristo, ¿a quién podríais señalar entonces como portador de luz especial para el pueblo?" (Id, 18 marzo 1890).